영어 쉐도잉이란?

영어를 잘하는 거의 ██████████████████████다. 마치 '그림자'처럼 **영어를 들**███████████████████이 '영어 쉐도잉'입니다.

영어로 의사 표현하는 것에 전혀 어려움이 없는 분들이 더 유창하게 말하기 위해 하는 훈련입니다.

하지만!

이 책은 영어 쉐도잉이 어려운 분들도 학습할 수 있도록 만들었습니다. **전체 영상 자료** 제공 외에, 더 쉽게 학습할 수 있도록 **음성 '무료 강의'와 '느린 속도의 음성 파일'**을 제공합니다. 이 파일을 활용하여 **'낭독'부터** 해야 합니다.

영상 자료: rb.gy/50eoy
음성 강의: rb.gy/maxx8

학습 순서

❶ **느린 속도**의 연설문을 들으며 **빈칸 받아쓰기**

❷ 느린 속도의 연설문을 들으며 책을 보며 **따라 읽기**

❸ **원래 속도**의 연설문을 들으며 책을 보며 **따라 읽기**

❹ 원래 속도의 연설문을 **책을 보지 않고 들리는 대로 따라 말하기**

 이 책은 〈**TOP10 연설문** (컬러 본문)〉과 〈**TOP10 영한대역 단편소설**〉에서 발췌했습니다.

106살의 앤 닉슨 쿠퍼는 흑인 여자로 태어나서 투표권이 없었습니다. 또한, 백인들과 격리된 버스 좌석에 앉아야 했고, 물 대포를 맞으며 인종 차별을 당했습니다. 하지만 결국 투표권을 얻어 오바마 대통령을 당선시켰습니다. 그녀는 미국이 변했고, 앞으로 더 좋게 변할 것이라고 믿습니다. 앤 닉슨 쿠퍼 이야기와 함께 오바마 대통령이 '그렇다, 우리가 할 수 있다'고 하자 청중들도 'Yes, we can.'이라고 화답합니다.

이 내용은 4번째(p.78)로 수록된 연설입니다. 수백 개의 연설문을 보고 현시대에도 깊은 울림을 선하는 10개의 연설을 담았습니다. **각 연사의 영상(goo.gl/fs9qiq)**과 함께 각 연설을 처음부터 끝까지 담아서 더 깊이 있게 감상할 수 있습니다.

모든 연설의 사소한 부분도 수십, 수백 번을 보고 고쳐 쓴 것입니다. 각 문장의 이유를 생각하면서 보시면 영어 실력은 기본이고, 글쓰기와 말하기 실력도 일취월장할 것입니다.

각 장 시작의 **왼쪽은 자기소개**이고, **오른쪽은 연설문의 간접 소개**입니다. 연사들이 직접 쓴 것은 아니고 저자들이 그분들의 입장을 가정해서 쓴 글입니다. 그렇게 쓰기 위해 각 연사의 전기부터 영화까지 가능한 한 많은 자료를 봤습니다. 그분들의 사명과 가치관, 연설의 목적 등을 담으려고 했습니다.

그 집필 과정이 즐거웠고 시간 가는 줄 몰랐습니다. 이 책을 읽으시는 분들도 **이 책을 통해 큰 감동과 기쁨, 깨달음을 얻으시리라** 믿습니다. 그 깨달음을 통해 영어 실력은 물론, 삶에서도 이 책의 연사들보다 더 높은 성취를 이루시기 바랍니다.

무료강의(goo.gl/8id6df 또는 goo.gl/kbckkt 에서)도 있습니다. 공부하시다가 궁금한 점은 **miklish.com**에 질문해 주시면 3일 내에는 답변 드립니다.

Steve Jobs

Stanford University

Commencement Address, 2005. 6. 12

TOP 6

스탠퍼드 대학교 졸업 연설

Stay hungry, Stay foolish.

(만족하지 말고) 배고프게 있어라. 어리석게 있어라.

스티브 잡스

애플 대표, 픽사 대표, 사업가, 183cm, 72kg, 1남 1녀 중 첫째
1955. 02. 24 ~ 2011. 10. 05

**트라우마에서
기인한 이기주의**

사람들은 자신이 진정으로 원하는 것을 모른다. 그만큼 이기적이지 않기 때문이다. 생부모로부터, 내가 만든 회사로부터 버려진 것은 나를 더 이기적으로 만들었다. 그것은 내가 진정으로 원하는 것에 집중하게 했다. 제품을 만들 때도 현실에 제품을 맞추지 않았다. 철저히 이상적(이기적)으로 제품에 현실을 맞추었나. 그렇게 애플2, 아이맥, 아이팟, 아이폰 등의 혁신적인 제품을 만들어 냈다.

항상 성공했던 것은 아니다. 컴퓨터 '넥스트'를 만들 때였다. 보이지 않는 곳까지 완벽해야 한다는 집착에 볼트에도 비싼 금도금을 했다. 보이지 않는 케이스의 안쪽에도 무광택 검은색을 입혔다. 1989년, 이정도의 컴퓨터면 6500달러(약700만원)는 받아야 한다고 생각했다.

하지만 너무 비싼 가격 탓에 적자에 시달렸다. 매달 1만 대를 생산할 수 있는 공장에서 한 달에 겨우 400대를 팔았다. 이렇게 크게 망하기도 쉽지 않을 것이다. 그래도 남들이 가는 길을 흉내 내면서 비슷한 성공을 하느니, 남들이 가지 않는 길을 가서 크게 성공하거나 크게 망하는 게 낫다고 생각한다.

내게 버림받은 트라우마가 없었다면, 이렇게 완벽에 집착하거나 이기적이지 않았을 것이다. 그런 행동과 폭언 때문에 많은 사람들이 상처 입었지만 죽을 때까지 바꾸려고 하지 않았다. 단점을 억지로 바꿀 필요는 없다. 나쁜 면조차 인정하자. 대신 철저히 이상적이 되자. 자신을 사랑하자. 그러면 직관이 당신을 이끌 것이다. 사람들은 당신을 신비롭게 볼 것이다. 무슨 말을 하든 따를 것이다.

델 요캄

무엇을 만들든 완전히 통제하려드는 그의 집착은 출생 직후 버려졌다는 사실에서 비롯한다고 생각합니다.

빌 게이츠

스티브는 인간에 대해서나 제품에 대해서나 타고난 미의식을 갖고 있습니다. 제가 그 미의식을 가질 수만 있다면 무엇이든 내놓겠습니다.

goo.gl/fs9qiq

스탠퍼드 대학 졸업 축사

난이 ★★★★
재미 ★★★★
감동 ★★★
교훈 ★★★★

20대에는 누구나 고민이 많다. 지금의 선택을 나중에 후회하지 않을지 걱정한다. 꿈꾸던 대기업 취직이 평생의 족쇄로 옭아맬 수도 있고, 어쩔 수 없이 들어갔던 중소기업 취직이 오히려 인생 전반에 도움을 줄 수도 있다.

잡스는 대학교를 중퇴했다. 대부분의 20대가 인간답게 살 수 있는 유일한 방법으로 여기는 '대학 졸업 후 직장 취직'을 포기했다. 하지만 덕분에 듣게 된 서체 강의가 결국 애플을 애플답게 만들었다. 게다가 대학교를 중퇴한 좌절감과 불투명한 미래가 잡스를 더 열정적으로 만들었다.

알 수 없는 힘이 모든 사람을 이끌고 있다고 잡스는 믿었다. 누구나 그것을 겪고 있는 당시에는 큰 그림을 절대 볼 수 없다. 하지만 놀랍게도 시간이 지나면 왜 그 일이 있어야만 했는지 깨닫게 된다.

나(Mike)는 20년간 음악에 매진했지만 잘 풀리지 않았다. 이후에 영어와 디자인도 밑바닥부터 처절하게 배웠지만 역시 잘 풀리지 않았다. 하지만 저서를 집필하고, 영어출판을 하게 되자 고생하며 익혔던 것들을 제대로 쓸 수 있게 됐다. 이것이 잡스가 말했던 '연결된 점들'일까?

스탠퍼드에서 연설 중인 스티브 잡스 스탠퍼드 대학

7

honored	영광인	naively	순진하게
commencement	졸업식	expensive	비싼
dot	점	tuition	등록금
drop out	중퇴하다	value	가치
biological mother	생모(친엄마)	figure out	알아내다
unwed	미혼의	entire	전체의
adoption	입양	scary	무서운
pop out	나오다	required	요구되는, 필수의
unexpected	예상치 못한	dorm	기숙사
graduate	졸업하다	floor	바닥
paper	종이, 서류	deposit	보증금
relent	겨우 동의하다	temple	사원

commencement	❶	ⓐ	중퇴하다
drop out	❷	ⓑ	순진하게
deposit	❸	ⓒ	졸업하다
unexpected	❹	ⓓ	졸업식
naively	❺	ⓔ	요구되는, 필수의
graduate	❻	ⓕ	예상치 못한
dot	❼	ⓖ	등록금
tuition	❽	ⓗ	점
required	❾	ⓘ	알아내다
figure out	❿	ⓙ	보증금, 저금하다

It is best to admit mistakes quickly, and get on with improving your other innovations.

You trust **that** the dots are connected.

누가   한다   한 문장을   누가   상태모습   어떤
너는   믿는다/ **한 문장을**   그 점들이   연결된**다고**.

주어-동사-목적어에서 '목적어'자리에 that을 쓰면, '**한 문장을**'을 의미한다.
관계대명사와 달리 that 뒤에는 완전한 문장이 온다. 그래서 문장의 시작을
알 수 있으므로 that을 생략할 수 있다.

1. They decided **that** they **wanted** a girl.
   그들은 결심했다/ _____ 그들이 한 여자아이를 _____.

2. My parents promised **that** I **go** to college
   나의 부모님들은 약속했다/ _____ 내가 대학에 _____.

3. She felt **that** I **should be** adopted.
   그녀는 느꼈다/ _____ 내가 입양_____.

4. It turned out **that** getting fired was the best **thing**.
   그것은 밝혀졌다/ _____ 해고당하는 것은 가장 좋은_____.

5. Remembering **that** I'll be dead is important
   기억하는 것은 (_____ 내가 _____ 것을) 중요하다.

관련단원 4시간에 끝내는 영화영작: 기본패턴 12단원(p.62)
6시간에 끝내는 생활영어 회화천사: 전치사/접속사/조동사/의문문 33단원(p.106)

정답   Words 1/5: 1d 2a 3j 4f 5b / 6c 7h 8g 9e 10i

Grammar Pattern: 1.한 문장을, 원했다고 2.한 문장을, 간다고
3.한 문장을, 되어야 한다고 4.한 문장을, 것이라고
5.한 문장을, 죽을 것이라는

  빨리 실수를 인정하고, 다른 혁신을 계속 발전시켜 나가라.

인사

I am **honored** to be with you _____ for your **commencement** from one of the finest universities in the world. Truth be told, I never graduated from college. And this is the _____ I've ever gotten to a college graduation. Today I want to tell you three stories from my _____. That's it. No big deal. Just three stories.

첫번째 이야기: 점들의 연결

The _____ story is about connecting the **dots**.

I **dropped out** of Reed College after the first 6 months, but then stayed around as a drop-in for another 18 months or so before I really _____. So why did I drop out?

리드 대학교
엘리엇 강당

스티브 잡스가
중퇴한
리드 대학교

위키피디아

I'm as proud of what we don't do as I am of what we do.

나는 **영광이**다/ 함께해서 너희와 오늘today/

여러분의 **졸업식**을 위해/ 하나로부터의/ 가장 훌륭한 대학 중의/

세상에서. 사실이 말해진다면,/ 나는 전혀 졸업하지 않았다/

대학으로부터. 이것이 가장 가깝다closest/ 내가 가 본/

대학교 졸업식에. 오늘/ 나는 말하고 싶다/ 너희에게/

세 가지 이야기를/ 나의 인생life으로부터. 그것뿐이다.

대단한 일(은) 아니다. 딱 세 가지 이야기들(이다).

첫 번째first 이야기는/ **점**들의 연결에 관해서이다.

나는 **중퇴했다**/ 리드 대학을/ 첫

6개월 후에, 그러나 그러고 나서도, 머물렀다/ 주변에/ 청강자로서/

또 다른 18개월가량 이상동안/ 내가 정말로 그만두기quit 전에.

그러면/ 왜 내가 중퇴했을까?

우리가 이루지 못한 것도 이룬 것 만큼이나 자랑스럽다.

It _____ before I was born. My **biological
mother** was a young, **unwed** college graduate
student, and she _____ to put me up for
adoption. She felt very strongly that I should be
adopted by _____ graduates, so everything
was all set for me to be adopted at birth by a
_____ and his wife. Except that when I **popped
out** they decided at the last minute that they
really wanted a girl. So my parents, who were on a
waiting _____, got a call in the middle of the
night asking: "We got an **unexpected** _____
boy; do you want him?" They said: "Of course."

My biological mother found out later that my
mother had never **graduated** _____ college
and that my father had never graduated from
high school. She 문법refused to _____ the final
adoption **papers**. She only **relented** a few months
later _____ my parents promised that I would
go to college. This was the start in my life.

Stanford University Commencement Address, 2005

12   Do you want to spend the rest of your life selling sugared water or do you want a chance to change the world?

그것은 시작되었다started/ 내가 태어나기 전에. 나의 생

모는/ 한 젊고, **미혼의** 대학원

생이었다/ 그리고 그녀는 결정했다decided/ 나를 보낼 것을/

입양을 위하여. 그녀는 느꼈다/ 매우 강력하게/ 한 문장을/ 내가

입양되어야 한다고/ 대학college 졸업자들에 의하여, 그래서 모든 것이

전부 준비되었다/ 나를 위하여/ 입양되기 위하여/ 태어날 때에/ 한

변호사lawyer와 그의 부인에 의하여. (~를 제외하고)/ 내가 **나왔을 때,**/

그들은 결정했다/ 마지막 순간에/ 한 문장을/ 그들이

정말로 원했다는 것을 제외하고/ 여자아이를. 그래서 나의 부모님들은, (나의

부모님들은/ 대기자 명단list에 있었다), 전화를 받았다/ 그

한밤중에 묻는: "우리가 갖게 됐다/ **예상치 못한**

사내 아기baby를;/ 당신은 원하나요/ 그를?" 그들은 말했다: "물론이죠."

내 생모가 알아냈다/ 나중에/ 한 문장을/ 나의

어머니는 전혀 **졸업하지 않았다**/ 대학으로부터from/

그리고/ 한 문장을/ 나의 아버지는 전혀 졸업하지 않았다/

고등학교로부터. 그녀는 거부했다/ 서명하는sign 것을/ 최종

입양 서류들을. 그녀는 오직 **겨우 동의했다**/ 몇 달 후에/

나의 부모님이 약속했을 때when/ 한 문장을/ 내가

갈 것이라고/ 대학에. 이것이 그 시작이었다/ 내 인생에서.

문법

---

to+동사만 목적어로 취하는 동사들

advise, afford, agree, aim, allow, ask, cause, compel, convince, decide,
desire, enable, encourage, expect, fail, forbid, force, hope, invite,
manage, need, offer, order, permit, persuade, plan, pretend, propose,
promise, **refuse**, remind, require, serve, tell, want, warn, wish...

남은 인생을 설탕 넣은 물(콜라)을 팔면서 소비하고 싶습니까 아니면 세상을 바꾸고 싶습니까?

And 17 years later I _____ go to college. But
I **naively** _____ a college that was almost as
expensive as Stanford, and all of my working-class
parents' savings were being _____ on my
college **tuition**. After six months, I couldn't see the
value in it. I had no idea what I wanted to _____
with my life and no idea how college was going to
help me **figure** it **out**. And here I was _____
all of the money my parents had saved their **entire**
life. So I decided to _____ out and trust that it
would all work out OK.

첫번째 이야기: 중퇴의 장단점 1

It was _____ **scary** at the time, but looking back
it was one of the best _____ I ever made. The
minute I dropped out I could stop taking the **required**
classes that didn't interest me, and begin dropping in
on the ones that looked far more interesting.
It wasn't all _____. I didn't have a **dorm**
room, so I slept on the **floor** in friends' rooms,
I returned Coke _____ for the 5¢ **deposits** to
buy food with, and I would walk the 7 miles across
_____ every Sunday night to get one good
_____ a week at the Hare Krishna **temple**.
I loved it.

Design is not just what it looks like and feels like. Design is how it works.

그리고 17년 후, / 나는 정말 did 갔다 / 대학에. 그러나 /

나는 **순진하게도** 선택했다 chose / 대학을 / 그 대학은 거의 (~만큼)

비싼 / 스탠퍼드 만큼, 그리고 전부가 (나의 노동자-계급의

부모님들의 모든 모아둔 돈의) 쓰이고 spent 있었다 / 내

대학 **등록금**에. 6개월 후, 나는 찾을 수 없었다 /

그 **가치**를 / 그것 안에 있는. 나는 몰랐다 / 무엇을 내가 원했는지 / 하기를 do /

인생에서 / 그리고 몰랐다 / 어떻게 대학이

도움을 줄지 / 내가 그것을 **알아내는데**. 그리고 여기서 / 나는 쓰고 있는 spending

중이었다 / 모든 돈을 / 내 부모님이 저축했었던 / 그들의 **평**

생 동안. 그래서 / 나는 결심했다 / 중퇴하는 drop 것을 / 그리고 믿기를 / 한 문장

을 / 그것은 모두 잘 될 거라고.

그것은 상당히 pretty **무서웠다** / 당시에는, 그러나 되돌아보니 /

그것은 하나였다 / 최고의 결정들 decisions 중 / 내가 여지껏 만들었던. 그

순간 / 내가 중퇴했던 / 나는 그만둘 수 있었다 / 수강하던 것을 그 **필수**

과목들을 / 그 필수과목들은 흥미를 끌지 않았다 / 나에게, 그리고 시작할 수 있

었다 / 청강하는 것에 수업들을 / 그 수업들은 보였다 / 훨씬 더 재미있게.

모든 게 낭만적인 romantic 건 아니었다. 나는 가지고 있지 않았다 **기숙사**

방을, / 그래서 나는 잤다 / **바닥**에서 / 친구들의 방들의.

나는 반납했다 / 콜라 병 bottles 들을 / 5센트 **보증금**을 위하여 /

음식을 사기 위해 (보증금 돈을) 가지고, 그리고 나는 걷곤 했다 / 7마일 (11킬로

미터)을 / 마을 town 을 가로질러 / 일요일 밤마다 / 얻기 위하여 한 좋은

식사 meal 를 / 일주일마다 / 하레 크리슈나 **사원**에서.

나는 좋아했다 / 그것을.

디자인이란 단지 보기 좋은 게 아니다. 디자인이 물건을 작동시킨다고 할 수 있다.

stumble into	우연히 관여하다	design	구상(하다)
intuition	직관	proportionally	비례적으로
priceless	값진	likely	~하기 쉬운
calligraphy	서예	personal	개인용
label	표	connect	연결하다
calligraph	필체로 쓰다	backward	뒤쪽으로
typeface	서체	somehow	어떻게든
varying	다양하게 하는 것	gut	배짱
combination	조합	confidence	자신감
typography	조판술	loss	상실
subtle	미묘한	early	이른(초기에)
fascinating	매력적인	garage	차고
practical	실용적인	billion	10억

typeface ❶	❸	~하기 쉬운
intuition ❷	❺	연결하다
practical ❸	❻	조합
priceless ❹	❼	직관
subtle ❺	❽	매력적인
label ❻	❾	미묘한
likely ❼	❿	값진
combination ❽	❿	서체
fascinating ❾	❿	실용적인
connect ❿	❿	표

People don't know what they want until you show it to them.

employee	직원	screw up	망치다
release	출시하다	dawn	분명해지다
fired	해고당한	reject	거절하다
hired	고용된, 고용했다	start over	다시 시작하다
talented	재능있는	turn out	드러나다(판명나다)
vision	미래에 대한 상상	heaviness	중압감(부담)
diverge	어긋나다	replaced	대체된
Board of Directors	이사회	period	기간, 시기
publicly	공개적으로	go on	계속 해나가다
adult	성인(의)	feature film	장편 영화
devastating	충격적인	remarkable	주목할만한
previous	이전의	develop	발전시키다
entrepreneur	(벤처) 사업가	current	현재의

fired	❶	ⓐ 공개적으로
employee	❷	ⓑ 주목할만한
hired	❸	ⓒ 해고당한
publicly	❹	ⓓ 거절하다
release	❺	ⓔ 이전의
remarkable	❻	ⓕ (벤처) 사업가
entrepreneur	❼	ⓖ 고용된, 고용했다
previous	❽	ⓗ 직원
reject	❾	ⓘ 출시하다

정답

Words 2/5: 1h 2d 3i 4g 5f / 6j 7a 8c 9e 10b
Words 3/5: 1c 2h 3g 4a 5i / 6b 7f 8e 9d

당신이 사람들에게 그것을 보여줄 때까지 사람들은 자신이 원하는 것을 모른다.

And much of what I **stumbled into** by following my curiosity and **intuition** turned out to be **priceless** later on. Let me give you one _____.

Reed College at that time _____ perhaps the best **calligraphy** instruction in the country. Throughout the campus every poster, <u>every label</u> on every drawer, was beautifully _____ **calligraphed**. Because I had dropped out and didn't have to take the _____ classes, I decided to **take** a calligraphy class to learn how to do this. I learned about serif and sans serif **typeface**s, about **varying** the amount of space between different letter **combination**s, about what makes great **typography** great. It was beautiful, historical, artistically **subtle** in a way that science can't _____, and I found it **fascinating**.

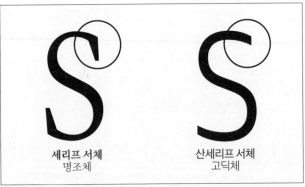

서체
(type face)
의 비교

세리프 서체
명조체

산세리프 서체
고딕체

Quality is more important than quantity. One home run is much better than two doubles.

그리고 많은 것이 (내가 **우연히 관여했던** 무엇의) 따름으로써 나의

호기심과 **직관**을/ 판명되었다/ **값을 매길 수 없을 정도로(값진)** 것으로/

나중에. 내가 주도록 허락해라/ 너희에게 한 가지 예<u>example</u>를.

리드 대학교는/ 그 당시/ 제공했다<u>offered</u>/ 아마도

그 최고의 **서예** 교육을/ 전국에서.

캠퍼스의 도처에/ 모든 포스터, 모든 **표**는

(모든 서랍 위의) 아름답게 손<u>hand</u>

필체로 쓰여 있었다. 나는 중퇴했었기 때문에/ 그리고

수강할 필요가 없었기 때문에/ 그 정규<u>normal</u> 수업들을/ 나는 결정했다/

수강하기를 한 서체 수업을/ 배우기 위하여/ 어떻게 하는지를 이것을.

나는 배웠다/ 세리프(명조)와 산 세리프(고딕)**서체**들에 대하여,

다양하게 하는 것에 대하여 공간의 양을/

다른 글자 **조합**들 사이에서, 무엇이 만드는지에 대하여

훌륭한 **조판술**을 훌륭하게. 그것은 아름다웠고, 역사적이었고,

예술적으로 **미묘했다**/ 어떤 방식에서/ 그 방식을 과학은

포착할<u>capture</u> 수 없다, 그래서 나는 알았다/ 그것이 **매력적**이라는 것을.

문법

every+단수명사

every나 each는 각각을 일컬어서 전체를 말하므로, 뜻이 '전부'라고
해도, 뒤에 단수명사를 쓰고 단수 취급을 한다. 예문에서 **every** 뒤에
는 **label**을 써야지 labels를 쓰면 안 되고, label(단수)을 썼으니 동사는
were이 아니라 **was**를 쓴 것이다.

양보다 질이 중요하다. 한 번의 홈런이 두 번의 2루타보다 낫다.

None of this had even a _____ of any **practical** application in my life. But 10 years later, when we were **designing** the first Macintosh _____, it all came back to me. And we designed it all into the Mac. It was the first computer with beautiful **typography**. 문법<u>If I had never dropped in on that single course in college, the Mac would've never had multiple typefaces</u> or **proportionally** spaced fonts. And since Windows just copied the Mac, it's **likely** that no personal computer would have them.

If I had never **dropped out**, I would have never dropped in on that calligraphy _____, and **personal** computers might not have the wonderful typography that they do.

맥킨토시
컴퓨터
M0001A

1986년
1월 출시,
2599달러
(약 300만원)
8M CPU,
1M 램

위키피디아

The journey is the reward.

이것 중 어떤것도 가지고 있지 않았다/ 심지어 하나의 희망hope도/ 어떤 **실용**

적인 적용의/ 내 인생에서. 그러나/ 10년 후에, 우리가

구상 중이었을 때/ 최초의 매킨토시 컴퓨터computer를,

그것은 모두 되돌아왔다/ 나에게. 그리고/ 우리는 디자인했다/ 그것 모두를/

그 맥 안에. 그것은 최초의 컴퓨터였다/ 아름다운

조판술을 가진. 내가 전혀 청강한 적이 없었다면/ 저

단 하나의 과정(수업)을/ 대학에서, 그 맥은 절대 가지고 있지 않았을 것이다/

다양한 서체들이나 **비례적으로** 간격이 주어지는

글꼴들을. 그리고 윈도우(프로그램)가 단지 맥을 복사(따라)했기 때문에, 그

것(어떤 개인용 컴퓨터들도 그것들을 가지지 않았을 것)은 **있음직**(확률이 높

았을)하다/

내가 전혀 **중퇴하**지 않았다면, 나는

청강하려 하지 않았을 것이다/ 서예 수업class을, 그리고

개인용 컴퓨터들은 갖지 못했을지도 모른다/ 그 멋진

조판술을/ 그것들이 가진.

문법

과거를 가정하는 가정법

가정법은 실제로 일어나지 않은 일을 표현해야 하기 때문에, 시제를 **말
하려는 실제보다 한 시제 뒤로** 보낸다.
예문에서 실제로는 과거에 청강했기 때문에, '청강하지 않았더라면'을
말하기 위해서 **과거보다 이전의 시제인 과거완료**(had p.p.: had never
dropped)를 썼고, 주절에서도 과거완료(could have never had)를 썼다.

(결과가 어떻든) 여정 자체가 보상이다.

첫번째 이야기: 점의 연결

Of course it was _____ to **connect** the **dots** looking forward when I was in college. But it was very, very clear looking **backward** 10 years later.

Again, you can't connect the dots 문법<u>looking forward</u>; you can _____ connect them 문법<u>looking backward</u>. So you have to _____ that the dots will **somehow** connect in your future. You have to trust in something — your **gut**, destiny, life, karma, whatever.

Because believing that the dots will **connect** down the road will give you the **confidence** _____ follow your heart even when it leads you _____ the well-worn path. And that will make all the difference.

리케츠
애플1을
작업 중인
스티브 잡스

linustechtips.com

It's really clear that the most precious resource we all have is time.

물론/ 불가능했다impossible/ **연결하는** 것은 그 점들을 /

앞쪽으로 보면서 / 내가 있었을 때/ 대학교에. 그러나, 그것은

매우, 매우 분명했다/ **뒤쪽으로** 보면서/ 10년 후에.

다시 한번(달리 말하자면), 너희는 연결할 수 없다/ 그 점들을/ 앞쪽으로 보면

서; 너희는 오직only 연결할 수 있다/ 그것들을/ 보면서

뒤쪽으로. 따라서/ 너희는 믿어야trust만 한다/ 한 문장을/ 그 점들이

어떻게든 연결될 것이라고/ 너희의 미래에. 너희는

믿어야만 한다/ 무언가를—너희의 **배짱**, 운명, 인생, 업보,

무엇이든지.

믿는 것은 (한 문장을/ 그 점들이 **연결할** 것이라고/

그 길 아래에서) 줄 것이다/ 너에게 그 **자신감**을/

따를 수 있는to/ 너의 진심을/ 심지어 그것이 이끌 때도/ 너를/

그 많이 낡은(진부한) 길 밖으로off. 그리고 저것이 만들 것이다/

모든 차이(변화)를.

문법

문장 끝의 **분사구문**

동사+ing를 문장의 시작이 아니라, 문장의 끝에도 넣을 수 있다. 이 경우 대부분 '~하면서'로 해석한다.

예문에서는 looking forward: 앞으로 보면서, looking backward: 뒤로 보면서

우리 모두가 가지는 가장 가치 있는 자원은 바로 시간임이 아주 분명하다.

My _____ story is about love and **loss**.

I was lucky — I found _____ I loved to do
early in life. Woz and I started Apple in my parents'
garage when I was 20. We worked hard, and in
10 years Apple had _____ from just the two
of us in a garage into a $2 **billion** company with
over 4,000 **employee**s. We just **released** our finest
creation — the Macintosh — a year earlier, and
I had just turned 30.

And then I got **fired**. How can you get fired from a
company you started? Well, as Apple grew we **hired**
someone _____ I thought was very **talente**d
to run the company with me, and for the first year
or so things _____ well. But then our **visions**
of the future began to **diverge** and eventually
we had a falling out. When we did, our **Board of
Directors** sided with him. And so at 30 I was out.
And very **publicly** out. What had been the focus
of my _____ **adult** life was gone, and it was
devastating.

Have the courage to follow your heart and intuition. They somehow know what you truly want to become.

나의 두 번째second 이야기는/ 사랑과 **상실**에 관해서이다.

나는 운이 좋았다―나는 발견했다/ 내가 사랑했던 무엇을what/ 하기를/
이른(초기의) 인생에서. 워즈(스티브 워즈니악)와 나는 시작했다/ 애플을/ 나의
부모님의 **차고**에서/ 내가 20살 때. 우리는 일했다/ 열심히, 그리고
10년 후에/ 애플은 성장했다grown/ 단지 우리 둘로부터/
우리 중의/ 한 차고에서/ **20억** 달러(약 2조 3천억 원)짜리 회사로/
4,000명 이상의 **직원**들을 가진. 우리는 막 **출시했다**/ 우리의 최고의
작품을―매킨토시라는―1년 더 전에, 그리고
나는 막 되었다/ 30(살)이.

그리고 나서/ 나는 **해고당했다**. 어떻게 너희가 해고당할 수가 있을까/ 한
회사로부터/ 너희가 시작했던? 글쎄, 애플이 성장함에 따라/ 우리는 **고용했다**/
누군가를/ 그 누군가who를 내가 생각했다/ 매우 **재능있다**고/
그 회사를 운영하기에/ 나와 함께, 그리고/ 그 첫해
정도 동안은/ 상황들이 잘 되어갔다went/. 그러나 그러고 나서/ 우리의 미래
의 **꿈들**은 시작했다/ **어긋나는** 것을/ 그리고 결국에/
우리는 가졌다/ 다툼을. 우리가 그랬을 때,/ 우리 **이사회**는
편을 들었다/ 그와 함께. 그래서/ 30(의 나이)에/ 나는 쫓겨났다.
그리고/ 매우 **공개적으로** 쫓겨났다. 초점이 되었던 무엇은
(내 전체entire **성인**으로서의 삶의) 사라져버렸다, 그리고 그것은 굉장히
충격적이었다.

용기를 가지고 너의 마음과 직관을 따라라. 그것들은 어떻게든 당신이 진심으로 되고 싶은 것을 안다.

I really didn't know 문법<u>what to do</u> for a _____
months. I felt that I had let the **previous** generation
of **entrepreneurs** down—that I had dropped
the baton as it was being **passed** to me.

I _____ with David Packard and Bob Noyce
and tried to _____ for **screwing up** so badly.
I was a very public _____, and I even thought
about running away from the **valley**. But something
slowly began to **dawn** on me—I _____ loved
what I did. The turn of events at Apple had not
changed that one bit. I'd been **rejected**, but I was
still in love. And so I _____ to **start over**.

애플
컴퓨터의
변천사

linustechtips.com

Simple can be harder than complex; you have to work hard to get your thinking clean to make it simple.

나는 정말로 몰랐다/ 무엇을 해야 할지를/ 두 세few

달 동안. 나는 느꼈다/ 한 문장을/ 내가 실망시켰다고/ **이전** 세대

벤처사업가들을(선배 벤처사업가들)—(느꼈다) 한 문장을/ 내가 떨어뜨렸었

다고 그 배턴(봉)을/ 그것이 **건네지**고 있었을 때/ 나에게.

나는 만났다<u>met</u>/ 데이비드 패커드(HP 창업자)와 밥 노이스(인텔 창업자)를

그리고 노력했다/ 사과하는<u>apologize</u> 것을/ **엉망으로 만든 것**에 대하여 아주

심하게. 나는 매우 공개적인 실패자<u>failure</u>였다, 그리고 나는 심지어 생각했다/

도망치는 것에 대하여 **밸리(실리콘 밸리)**로부터. 그러나/ 무엇인가가

천천히 시작했다/ **분명해지**기를/ 나에게—나는 여전히<u>still</u> 사랑했다/

내가 한 무엇(일)을. 그 전환(예상치 못한 방향의 사건들의)은/ 애플에서/

바꾸지 않았다/ 저것을/ 조금도. 나는 **거부당했**었다, 그러나 나는

여전히 사랑에 빠진 채 있었다. 그리고 그렇게/ 나는 결정했다<u>decided</u>/ **다시**

시작할 것을.

문법

의문사+to+동사

의문사와 to사이에 주어+should가 생략된 것처럼 해석된다. **what to**
do = what I should do = (내가) 무엇을 해야 할지.

단순한 게 복잡한 것보다 더 어려울 수 있다; 생각을 깨끗하게 해서 단순하게 만들기 위해 노력해야 한다.

I didn't see it then, but 문법it turned out that getting fired from Apple was the best thing that could've ever happened to me. The **heaviness** of being successful was **replaced** by the lightness of being a beginner again, less sure about everything. It freed me to enter one of the most creative **period**s of my life.

_____ the next five years, I started a company named NeXT, another company named Pixar, and fell in love with an **amazing** woman who would _____ my wife. Pixar **went on** to create the world's first computer animated **feature film**, Toy Story, and is now the most _____ animation studio in the world. In a **remarkable** turn of events, Apple _____ NeXT, and I returned to Apple, and the technology we **developed** at NeXT is at the heart of Apple's **current** renaissance. And Laurene and I have a wonderful family together.

나는 보지 못했다/ 그것을/ 당시에는, 그러나 그것은 **드러났다(판명 났다)**/

해고된 것이/ 애플로부터/ 최고의 것이었다/ 그것은

일어날 수 있었던/ 나에게. 그 **중압감(부담)**은/

성공적으로 되는 것의 **대체되었다**/ 가벼움에 의하여/

되는 것의 초심자가 다시, 덜 확신하는/ 모든 것에 대하여.

그것은 자유롭게 했다/ 나를/ 들어가도록 한(때)로/ 가장 창의적인

시기들 중의/ 내 인생의.

그다음 5년이라는 기간 동안During,/ 나는 시작했다/ 한 회사를/

이름 지어진 넥스트라고, 또 다른 회사는 픽사라고 이름지어진, 그리고

사랑에 빠졌다/ 한 **놀라운** 여자와/ 그 여자는

되었다become/ 내 아내가. 픽사는 계속하여 창조해 **나갔다**/

세계 최초의 컴퓨터 애니메이션 **장편 영화**를, 토이

스토리라는, 그리고 이제 가장 성공한successful 애니메이션

스튜디오이다/ 세계에서. 한 **주목할 만한** 전환점에는/ 사건들의,

애플이 샀(인수했)다bought/ 넥스트를, 그리고 나는 돌아갔다/ 애플로, 그리

고 그 기술은 (우리가 **발전시켰다**/ 넥스트에서)

심장(핵심)에 있다/ 애플의 **현재의** 르네상스(부흥)의. 그리고 로렌스와

나는 가지고 있다/ 멋진 가정을 함께.

문법

it(가주어) ~ that(진주어) 구문

주어가 길면 **주어 대신 it**을 놓고, 그 it이 무엇인지 뒤에서 that+문장
으로 설명한다. it ~ that으로 만들기 전의 문장은 That getting fired
from Apple was the best thing turned out.

(어차피 죽을 것) 묘지에서 가장 부자가 되는 것은 나에게 중요하지 않다.

patient	환자	cancer	암
faith	신념	scan	찾아내는 검사(초음파 등)
have got to	~해야 한다	tumor	종양
settle	안주하다	pancreas	췌장
roll on	계속 굴러가다	incurable	치료될 수 없는
quote	인용구	code	암호
certainly	확실하게	button up	단추를 잠그다
in a row	연속으로	diagnosis	진단
encounter	직면하다	biopsy	소식섬사
external	외부의	endoscope	내시경
embarrassment	창피함	intestine	장
trap	덫(함정)	cell	세포
naked	알몸인	sedate	진정제를 주다

trap	❶	ⓐ	직면하다
patient	❷	ⓑ	덫(함정)
naked	❸	ⓒ	알몸인
quote	❹	ⓓ	암
incurable	❺	ⓔ	종양
faith	❻	ⓕ	치료될 수 없는
encounter	❼	ⓖ	진단
tumor	❽	ⓗ	인용구
cancer	❾	ⓘ	환자
diagnosis	❿	ⓙ	신념

Going to bed at night saying we've done something wonderful...that's what matters to me.

microscope	현미경	intuition	직관
turn out	밝혀지다	somehow	어떻게든
curable	치료가능한	secondary	이차적인
face	대면하다	publication	출판물
decade	십 년	fellow	친구(사람)
intellectual	지적인	poetic	시적인
destination	목적지	publishing	출판
invention	발명품	paperback	보급판 책
agent	동인(요인)	idealistic	이상적인
gradually	점차적으로	overflow	넘쳐흐르다
dramatic	극단적인	notion	개념
limited	제한적인	issue	발행물
dogma	도그마(독단적인 신조)	farewell	고별

microscope ❶		ⓐ 제한적인
limited ❷		ⓑ 목적지
decade ❸		ⓒ 어떻게든
invention ❹		ⓓ 보급판 책
turn out ❺		ⓔ 발명품
somehow ❻		ⓕ 고별
destination ❼		ⓖ 현미경
farewell ❽		ⓗ 십 년
paperback ❾		ⓘ 밝혀지다

정답

Words 4/5: 1b 2i 3c 4h 5f / 6j 7a 8e 9d 10g
Words 5/5: 1g 2a 3h 4e 5i / 6c 7b 8f 9d

밤에 자러 가면서 뭔가 멋진 것을 해냈다고 말하는 것이 나에게 중요한 것이다.

I'm pretty sure 문법<u>none of this would've happened if I hadn't been fired from Apple.</u> It was **awful** tasting medicine, but I guess the **patient** needed it. Sometimes life's going to hit you in the _____ with a **brick**. Don't lose **faith**. I'm convinced that the only thing that _____ me going was that I loved what I did. You'**ve got to** find what you love. And that is as _____ for your work as it is for your lovers. Your work is going to fill a _____ part of your life, and the only way to be truly _____ is to do what you believe is great work. And the only way to do great work is to love what you do. If you haven't found it yet, keep _____. And don't **settle**. As with all matters of the heart, you'll know when you find it. And, like any great **relationship**, it just gets better and better as the years **roll on**. So keep looking. Don't settle.

스티브
잡스와
아내
로렌 파월

The people who are crazy enough to think they can change the world are the ones who do.

나는 상당히 확신한다/ 이것의 아무것도 발생하지 않았을 것이다/

만약 내가 해고되지 않았었더라면/ 애플로부터. 그것은 **끔찍했다**/

약을 맛본다는 것은, 그러나 나는 생각한다/ 그 **환자**는 필요로 했다고/ 그것

(약)을. 때때로/ 삶은 내리친다/ 너를/ 머리<u>head</u> 속에/

벽돌로. 잃지 마라/ **신념**을. 나는 확신한다/ 한 문장을/

그 유일한 것은 (그것은 유지시켰다<u>kept</u>/ 나를 나아가도록) 한 문장이었다/

내가 사랑했다는/ 내가 한 것(일)을. 너희는 찾아**야만 한다**/ 너희가 사랑하는

무엇(일)을. 그리고 그것은 ~만큼 사실이다<u>true</u>/ 너희들의 일에 대해서/ 그것

이 사실인만큼/ 너의 연인에 대해서도 노력해야 한다. 너희들의 일은 채울 것이

다/ 한 큰<u>large</u> 부분을/ 너희들의 삶의,/ 그리고 유일한 방법은 (진정으로

만족되기<u>satisfied</u> 위한) 하는 것이다/ 무엇을/ 그 무엇을 너희들이 믿는다/

위대한 일이라고. 그리고 그 유일한 방법은 (위대한 일을 하기 위한)

사랑하는 것이다/ 너희가 하는 무엇을. 너희들이 발견하지 못했다면/ 그것을

아직, 계속해라/ 찾는 것을<u>looking</u>. 그리고 **안주하지** 마라. 모든

마음의 문제들이 그러하듯, 너희들은 알게 될 것이다/ 너희들이 찾았을 때/ 그

것을. 그리고, 그 어떤 위대한 **관계**처럼, 그것은 단지 점점 더 좋아지게 된다/

그 해(시간)들이 **굴러감에 따라**(시간이 흐름에 따라). 그러니 계속해라/ 찾는 것

을. 안주하지 마라.

문법

가정법 **과거완료**

과정법 과거완료는 과거의 사실과 반대이므로, 과거보다 한 시제 뒤인
과거완료(had+과거분사)를 써야 한다.
예문에서는 **would have happened**(원래 과거완료는 had happened
지만, 앞에 would가 오면서 have happened로 바뀜)과 **hadn't been
fired**로 과거완료를 표현했다.

세상을 바꿀 수 있다고 미칠 정도로 생각하는 사람이야말로 정말로 세상을 바꾸는 사람들이다.

세번째 이야기: 죽음이 주는 교훈 1

Stanford University Commencement Address, 2005

My third story is about **death**.

When I was 17, I read a **quote** that went something like: "If you live each day as if it was your last, someday you'll most **certainly** be right." It made an impression on me, and since then, for the past 33 years, I have looked in the _____ every morning and asked myself: "If today were the last day of my life, would I want to do what I am **about to** do today?" And whenever the _____ has been "No" for too many days **in a row**, I know I need to change something.

Remembering that I'll be _____ soon is the most important tool I've ever **encountered** to help me make the big _____ in life. Because almost everything — all **external** expectations, all pride, all fear of **embarrassment** or failure—these things just fall away in the face of _____, **leaving** only what is truly important. Remembering that you are going to die is the best way I know to **avoid** the **trap** of thinking you have something to _____. You are already **naked**. There is no reason not to _____ your heart.

Your time is limited, so don't waste it living someone else's life.

나의 세 번째third 이야기는/ **죽음**에 관한 것이다.

내가 17살 때, 나는 읽었다/ 한 **문구**를/ 그 문구는 흘러갔다/ 어떤 것과
비슷하게: "만약 당신이 매일day을 산다면/ 마치 그것이 당신의 마지막last인
것처럼, 훗날/ 당신이 가장 **확실하게** 옳을 것이다(그릇됨이 없을 것이다)." 그것
은 만들었다/ 인상을/ 나에게, 그래서 그때 이래로, 지난
33년 동안,/ 나는 거울mirror을 봐 오고 있다/ 매일
아침/ 그리고 나 자신에게 물었다: "만약 오늘이 나의 삶의 마지막
날이라면,/ 나는 하기를 원하는가/ 내가 **하려는**
것을/ 오늘?" 그리고 그 대답answer이
"아니오"일 때마다/ 너무 많은 날 동안/ **연속으로**,/ 나는 알게 된다/
내가 무언가를 바꿀 필요가 있다는 것을.

기억하는 것은/ 한 문장을/ 내가 곧 죽을dead 것이라는/
가장 중요한 도구이다/ 내가 그동안 **직면한**/ 돕기 위해서
내가 큰 결정들choices을 내릴 것을 / 인생에서. (~하기 때문에) 거의
모든 것은/ —모든 **외부의** 기대를, 모든 자부심,
창피함에 대한 모든 두려움 또는 실패에 대한 모든 두려움—이러한 것들은
그저 서서히 사라지기 때문이다/ 죽음death에 직면하여, **남기면서**/ 오직
진정으로 중요한 무엇만을. 기억하는 것은 (한 문장을/ 너희들이
죽을 것이라고) 최고의 방법이다/ 내가 아는/ **피하기** 위해서 그
덫(함정)을 생각하는 것을 한문장이라고 너희들이 가진다고/ 잃을lose만한
무언가를. 너희들은 이미 **알몸**이다. 이유가 없다/
너희들의 마음을 따라가지follow 않을.

당신의 시간은 한정되어있다. 그러니 다른 사람의 삶을 살면서 시간을 낭비하지 마라.

세번째 이야기: 암투병 1

About a year _____ I was diagnosed with cancer. I had a **scan** at 7:30 in the morning, and it clearly showed a **tumor** on my pancreas. I didn't even know what a **pancreas** was. The doctors told me this was almost **certainly** a _____ of cancer that is **incurable**, and that I should expect to live no longer than three to six months. My doctor **advised** me to go home and get my affairs in order, which is doctor's **code** for _____ to die. It means to try and tell your _____ everything you thought you'd have the next 10 years to tell them in just a few months. It means to make sure everything is **buttoned up** so that it will be as easy as possible for your family. It _____ to say your goodbyes.

암투병 중인
스티브 잡스

사임 후 48시간
뒤에 찍은 사진

*Bruja/Pacific
CoastNews.com*

We're just enthusiastic about what we do.

약 일 년 전에ago/ 나는

암 진단을 받았다. 나는 가졌다/ 한 찾아내는 **검사(초음파 등)**를/ 7시 30분에/

아침에, 그리고 그것은 분명히 보여주었다/ 한 **종양**을/ 내 췌장에서. 나는

심지어 몰랐다/ 무엇이 **췌장**이었는지를. 그 의사들은 말했다/

나에게/ 이것이 거의 **분명히** 한 종류type였다고/ 암의/

그 암은 **치료될 수 없다**고, 그리고 (말했다) 한 문장을/ 내가 예상해야 한다고/ 사

는 것을/ 3~6개월 보다 더 길지 않게. 나의 의사는 **조언했다**/

나에게/ 집에 갈 것을 그리고 되게(할 것을) 나의 일들을/ 순서대로, 그 말은

의사의 **암호**이다/ 준비prepare를 위한/ 죽을. 그것은 의미한다/

노력하고/ 말하는 것을/ 너희들의 아이들kids에게/ 모든 것을 (네가 생각했

던/ 네가 가질 것이라고/ 그 다음 10년들을/ 말하기 위해 그들에게) 단지

몇 달 만에. 그것은 의미한다/ 확실히 하는 것을/ 모든 것이

단추로 꽉 잠기는 것이다(복잡한 것을 잘 처리하는)/ (~하도록) 그것이 (만큼)

쉬워지도록 가능한 만큼/ 너희들의 가족을 위하여. 그것은 의미한다means/

말하는 것을 너희들의 작별인사들을.

세번째 이야기: 암투병 2

I lived with that **diagnosis** all day. Later that evening I had a **biopsy**, where they stuck an **endoscope** down my throat, through my stomach into my **intestines**, put a _____ into my **pancreas** and _____ a few **cells** from the tumor. I was **sedated**, but my wife, who was there, told me that when they _____ the cells under a **microscope** the doctors started _____ because it **turned out** to be a very rare form of pancreatic cancer that is **curable** with surgery. I had the surgery and _____ I'm fine now.

This was the **closest** I've been to **facing** _____, and I hope it's the closest I get for a few more **decade**s. Having lived through it, I can now say _____ to you with a bit more **certainty** than when death was a useful but purely **intellectual** concept.

넥스트
컴퓨터

런던
과학 박물관
Geoff Pugh

Be a yardstick of quality. Some people aren't used to an environment where excellence is expected.

나는 살았다/ 저 **진단**과 함께/ 온종일. 나중의 저

저녁에/ 나는 가졌다/ **조직검사**를, 그 조직검사에서 그들은 쑤셔넣었다 한

내시경을/ 내 목구멍 아래로, 내 위를 통해서

내 **장**들 안으로, 넣었다/ 바늘needle을/ 나의

췌장 안으로 그리고 얻었다got/ 몇몇의 **세포**들을/ 그

종양으로부터. 나는 **진정제를 맞았**다, 그러나 나의 아내는, (그녀는 거기에 있었

다), 말했다/ 나에게/ 한 문장을/ 그들이 봤을viewed 때/ 그 세포들을/

한 **현미경** 아래로/ 그 의사들은 시작했다고/ 우는 것을crying/

그것은 **판명 났기 때문에**/ 한 매우 희귀한 형태인 것으로/

췌장암의/ 그 암은 **치료 가능하다**/ 수술로. 나는 가졌다/

그 수술을/ 그리고 감사하게도thankfully/ 나는 괜찮다/ 이제.

이것(때)이 **가장 가까웠다**/ 내가 있어 본/ 죽음에death 직면해서,

그리고 나는 희망한다/ 그것이 가장 가까운 것이기를/ 내가 접근한/

수십 년 넘는 시간동안. 살아오면서/ 그것을 지나, 나는 이제 말할 수 있다/

이것this을/ 너희들에게/ 좀 더 **확신**을 가지고/ (~보다)

죽음이 한 유용하지만 순전히 **지적인**

개념이었을 때 보다.

품질의 기준이 돼라. 어떤 사람들은 탁월함이 기대되는 환경에 익숙하지 않다.

Stanford University Commencement Address, 2005

No one wants to _____. Even people who want to go to **heaven** don't want to die to get there. **And yet** death is the **destination** we all _____. No one has ever **escaped** it. And that is as it should be, because death is very likely the _____ best **invention** of life. It is life's change **agent**. It clears out the old to make way for the new. Right now the new is you, but someday not too long from now, you will **gradually** become the old and be _____ away. Sorry to be so **dramatic**, but it is quite true.

Your time is **limited**, so don't _____ it **living** someone else's life. Don't be trapped by **dogma** — which is living with the _____ of other people's thinking. Don't let the noise of others' opinions drown out your own _____ voice. And most important, have the **courage** to follow your heart and **intuition**. They **somehow** already know what you truly want to _____. Everything else is **secondary**.

Things don't have to change the world to be important.

아무도 원하지 않는다/ 죽는die 것을. 심지어 사람들도 (그 사람들은 원한다/ 가는 것을 **천국**에) 원하지 않는다/ 죽는 것을/ 거기에 가기 위하여. **그런데도 불구하고**/ 죽음은 그 **목적지**이다/ 우리 모두가 공유하는share. 아무도 **탈출한** 적이 없다/ 그것을. 그리고/ 저것은 있다/ 그것이 있어야 하는 대로, '죽음'은 매우 그럴싸한 그 단하나single의 최고의 **발명품**이기 때문이다/ '삶'의. 그것은 '삶'의 변화 **동인(요인)**이다. 그것은 치 운다/ 낡은 것들을/ 자리를 내주기 위하여/ 새로운 것들을 위하여. 바로 지금, 새로운 것들은 여러분이다, 그러나 언젠가 너무 머지않아 지금부터, 여러분은 **점차적으로** 될 것이다/ 낡은 것들이 / 그리고 치워질cleared 것이다. 미안하다/ 너무 **극단적**이어서, 그러나 그것은 상당히 진실이다.

너희의 시간은 **제한적이다**, 그러니 낭비하지waste 마라/ 그것을/ **살면서** 누군가 다른 이의 삶을. 덫에 걸리지 마라/ **도그마(독단적인 신조)**에 의한 —그 도그마는 살고 있다/ 그 결과들results과/ 다른 사람들이 생각하는 것의. 허락하지 마라/ 그 소음(다른 이들의 의견들의)이 떠내려 보내는/ 너의 자신의 내면의inner 목소리를. 그리고 가장 중요한 것은, 가져라/ 그 **용기**를/ 따를/ 너희들의 마음과 **직관**을. 그것들은 **어떻게든** 이미 안다/ 무엇을/ 너희들이 진정으로 원하는 무엇을/ 되기를become. 모든 것은 그 밖의/ **이차적인** 것이다.

물건들은 세상이 중요해지도록 변화시켜서는 안 된다.

Stanford University Commencement Address, 2005

When I was _____, there was an amazing **publication** called The Whole Earth Catalog, which was one of the **bible**s of my _____.
It was created by a **fellow** named Stewart Brand not far from here in Menlo Park, and he _____ it to life with his **poetic** touch. This was in the late 1960s, before _____ computers and desktop **publishing**, so it was all made with typewriters, _____ and Polaroid cameras. It was sort of like Google in **paperback** form, 35 years before Google came along: It was **idealistic**, and **overflowing** with neat _____ and great **notion**s.

지구 전체의
안내서
앞표지와
뒤표지

tannergoods.com

Technology is nothing. What's important is that you have a faith in people.

내가 어렸을young 때, 한 놀라운

출판물이 있었다 <그 지구 전체의 안내서>라고 불리는, 그 책은

하나였다/ 그 **성경(고전)**들 중의/ 나의 세대generation의.

그것은 창조되었다/ 한 **친구(사람)**에 의하여/ 스튜어트 브랜드라는 이름의/

멀지 않은/ 여기로부터/ 맨로 파크에서, 그리고 그는 가져왔다brought/

그것을/ 생명으로(생기를 불어넣었다)/ 그의 **시적인** 만짐으로. 이것은 그 늦은

1960년대였다, 개인용personal 컴퓨터들과 탁상(컴퓨터로 하는)

출판 전에, 그래서 그것은 모두 만들어졌었다/ 타자기들,

가위들scissors, 그리고 폴로라이드 카메라들을 가지고. 그것은 일종의

구글 같았다/ **보급판 책**의 형태인, 35년/ 구글이

나타나기 전에: 그것은 **이상적**이었다, 그리고 **넘쳐흐르고**(있었다)/

깔끔한 도구들tools과 훌륭한 **개념**들과 함께.

기술은 아무것도 아니다. 정말 중요한 것은 당신이 사람들에게 가진 믿음이다.

Stewart and his _____ put out several **issue**s
of The Whole Earth Catalog, and then when it had
run its course, they put out a _____ issue.
It was the mid-1970s, and I was your _____.
On the **back cover** of their final issue was a
photograph of an _____ morning country
road, the kind you might find yourself **hitchhiking**
on if you were so adventurous. **Beneath** it were the
words: "Stay _____. Stay _____."
It was their **farewell** message as they signed off.
Stay Hungry. Stay Foolish. And I have always
_____ that for myself. And now, as you
graduate to begin **anew**, I wish that _____ you.

문법Stay Hungry. Stay Foolish.

Thank you **all** very much.

지구 전체의
안내서 본문

tannergoods.com

My model for business is The Beatles: The total was greater than the sum of the parts.

스튜어트와 그의 팀team은 내놓았다/ 몇몇의 **발행물**들을/

<그 전체 지구의 안내서>의, 그리고 나서/ 그것이

달렸었을 때 그것의 코스를(갈 데까지 갔을 때), 그들은 내놓았다/ 한 마지막

final 발행물을. 그것은 1970년대 중반이었다, 그리고 나는 너희의 나이age

였다. 그 책 **뒤표지** 위에/ 그들의 마지막 발행물의/ 한

사진이 있었다/ 한 이른early 아침 시골의

도로의, 그런 종류를 여러분이 찾을지도 모른다/ 여러분 자신이 **히치하이킹**

(차를 얻어 타는)하고 있는 (그 길) 위에서/ 여러분이 아주 모험심이 있다면.

그것 **바로 아래에**/ 그 단어들이 있었다: "배고프게Hungry 있어라. 어리석게

Foolish 있어라." 그것은 그들의 **고별** 메시지였다/ 그들이 끝맺었을 때.

배고프게 있어라. 어리석게 있어라. 그리고 나는 항상

바랐다wished/ 저것을/ 나 자신을 위하여. 그리고 지금, 여러분이

졸업하면서/ **새로이** 시작하기 위하여, 나는 바란다/ 저것을/ 여러분을 위하

여for.

배고프게 있어라. 어리석게 있어라.

매우 많이 고맙다/ 여러분 **모두에게**.

문법

2형식 동사

일반동사(예문에서는 stay) 다음에는 원래 부사가 나와서 동사를 꾸
며줘야 하는데, 특이하게 부사가 아니라 **형용사로 꾸며줘야 하는 동사**
들을 2형식 동사라고 한다: become, stay, remain, appear, get, go,
grow, turn, taste, look, smell, feel, sound, seem...

내 사업에서 역할 모델은 비틀즈이다: 그 전체는 개개의 합보다 위대하다.

영어단어가 잘 외워지지 않는 이유는 '단어장'으로 외웠기 때문입니다. 대부분의 단어장은 '어근, 연상, 동의어, 반의어, 예문, 빈도 등' 마치 수학 공식처럼 모여 있습니다. 읽다 보면 다른 생각이 들고 잘 외워지지도 않습니다. 그래서 스스로의 힘으로 **끝까지 단어장을 본 사람은 20명 중의 한 명** 정도로 드뭅니다.

단어장을 한 번 본다고 단어가 외워지지는 않습니다. 적어도 5번에서 30번을 봐야 하는데, 웬만큼 독한사람이 아니고는 불가능합니다. 대부분의 **단어장은 독학용이 아니라 강의용**입니다.

단어를 외워도 해석이 안 되는 이유는 '단어만' 외우기 때문입니다. 품사나 용법, 맥락에 따라 해석하는 방식과 뜻이 완전히 다른데, 단어만 외워서는 그 차이까지 익힐 수가 없습니다.

잘 외워지는 단어와 잘 외워지지 않는 단어가 있습니다. 취미처럼 **평소 관심이 많은 분야의 새로운 내용은 한 번만 들어도 외워지**지만, 관심이 없는 분야는 금방 잊혀집니다. 단어도 마찬가지 입니다. 그래서 맥락이 없는 단어보다는 문장에서, 문장보다는 단락에서, 단락보다는 글에서 익히는 것이 더 빠릅니다.

독해가 되는 중급 이상의 학습자가 **가장 쉽고, 빠르게, 스스로 단어를 익히는 방법은 '단편소설'**로 익히는 것입니다. 맥락 속에서 익히기에 빨리 외워지고, 나중에 다시 봤을 때도 해석이 됩니다.

반복해서 볼 수 있도록 **가장 재미있는 단편소설 10개**를 모아 500페이지에 꽉꽉 채웠습니다. **원어민이 읽는 단어와 지문의 MP3도 드립니다.** (goo.gl/wo43vf 에서 제공)

중고급 수준의 단어만 약 2500단어를 제시합니다. 수준에 따라 1000~5000단어를 익힐 수 있습니다. 반복해서 즐기면 **토익, 토플, 편입, 공무원 단어의 60%는 끝납니다.** (찾아보기 p.504)

이 책이 어렵다면, <TOP10 연설문>을 추천합니다. 비슷한 구성에 구어체이므로, 문어체보다 쉽습니다. **궁금하신 점은 miklish. com에 질문해주세요.** 늦어도 3일 내에는 답변을 드립니다.

차례

O. Henry
After 20 Years, 1906

TOP 1
20년 후

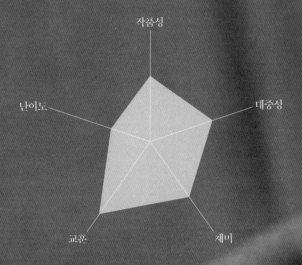

1

on the beat	순찰 중인	
spectator	구경꾼	
barely	가까스로	
gust	돌풍	
well-nigh	거의, 대부분	
depeople	사람 수를 줄이다	
twirling	돌리면서	
intricate	복잡한	
cast	던지다	
thoroughfare	통행로	
stalwart	건장한	
swagger	위협적으로	
kept early hours	일찍 자고 일찍 일어나다	
the majority of	~의 대부분은	
long since	훨씬 전부터	
midway	중간	
hardware store	철물점	
reassuringly	안심시키며	
straight	솔직한	
torn down	허물어진	
pale	창백한	
keen	날카로운	

원어민 MP3
goo.gl
/wo43vf

2

eyebrow	눈썹
scarfpin	넥타이핀
oddly	특이하게
chum	친구
finest	가장 좋은
destiny	운명
it seems to me	내 생각에는
correspond	편지를 주고받다
lost track	행방을 놓치다
proposition	사업
hustle around	설치고 다니다
lively	적극적인
stanchest	충실하게
turn up	나타나다

3

well out	돈 좀 벌다
plodder	느릿하고 꾸준한
wit	재치있는
pile	재산
get in a groove	삶이 편한
twirl	돌리다
beat	관할구역
drizzle	이슬비
puff	공기
foot passenger	보행자
dismally	우울하게
hardware store	철물점
absurdity	어리석음
overcoat	긴 외투
doubtfully	의심하며

4

exclaim	소리치다
sure as fate	틀림없이
existence	존재
last	지속하다
treated	대하다
bully	근사한
moderately	그럭저럭
egotism	자기중심적인
submerged	덮인
glare	섬광
simultaneously	동시에
snap	비난하다
pug	퍼그(개의 종류)
drop over	들르다

5

sensible	분별있는
hand	건네다
patrolman	순찰 경찰
unfold	펴서
steady	안정된
tremble	떨다
on time	시간 맞춰
wanted	현상 수배된
plain	보통의

The policeman **on the beat** moved up the avenue impressively. The impressiveness was habitual and not for show, for **spectators** were few. The time was **barely** 10 o'clock at night, but chilly **gust**s of wind with a taste of rain in them had **well nigh depeopled** the streets. 5

<u>Trying doors as he went, **twirling** his club with many **intricate** and artful movements, turning **now and then** to cast his watchful eye adown the pacific **thoroughfare**, the officer, with his **stalwart form** and slight **swagger**, made a fine picture</u> of a guardian of the peace. The **vicinity** was 10 one that **kept early hours**. Now and then you might see the lights of a cigar store or of an all-night lunch counter; but **the majority of** the doors belonged to business places that had **long since** been closed.

When about **midway** of a certain block the policeman 15 suddenly slowed his walk. In the doorway of a darkened **hardware store** a man leaned, with an unlighted cigar in his mouth. As the policeman walked up to him the man spoke up quickly.

"It's all right, officer," he said, **reassuringly**. "I'm just waiting 20 for a friend. It's an appointment made twenty years ago. Sounds a little funny to you, doesn't it? Well, I'll explain if you'd like to make certain it's all **straight**. About that long ago there used to be a restaurant where this store stands—'Big Joe' Brady's restaurant." 25

"Until five years ago," said the policeman. "It was **torn down** then."

The man in the doorway struck a match and lit his cigar. The light showed a **pale**, square-jawed face with **keen** eyes,

순찰 중인 경찰은 인상 깊게 그 거리로 올라갔다.

인상적인 이유는 습관적인데다가/ 보여주기 위한 게 아니라,

왜냐하면 구경꾼들은 몇(2~3) 명 뿐이었다. 시간은 가까스로 저녁 10시 정각

이었다, 하지만 비의 맛(기운)을 가진 쌀쌀한 돌풍이

5 거리의 대부분 사람 수를 줄였다.

그가 문을 열고 갔을 때, 그의 곤봉을 돌리면서/ 많은

복잡하고 기교적인 움직임으로, 돌아서면서/ 때때로

그가 지켜보는 시선을 보냈다/ 아래의 평온한 통행로에,

그 경찰은, 건장한 체구에 다소 위협적으로,

10 좋은 그림을 만들어냈다/ 평화의 수호자. 그 부근은

일찍 자고 일찍 일어났다. 가끔 보였다/

잎담배 가게나 밤-새 (운영하는) 간이 식당의 불빛을; 하지만

그 문의 대부분은 사업적인 장소(가게)에 속해 있어서/

훨씬 전부터 닫혀있었다.

15 그 특정한 구역의 중간 즈음에서/ 경찰은

갑자기 걸음을 늦췄다. 캄캄한

철물점의 출입구에서/ 한 남자가 기대어 있었다, 불붙이지 않은 시가(담

배)를 입에 물고. 그 경찰관이 그에게 올라왔을 때/ 그 남자는

빠르게 말했다.

20 "괜찮습니다, 경관님," 그는 말했다, 안심시키며, "저는 단지

제 친구를 기다리는 중입니다. 20년 전에 했던 약속이거든요.

당신에겐 좀 웃기게 들릴 수 있겠네요, 그렇지요? 다만, 제가 설명하자면/ 당

신이 완전히 솔직한 (설명)으로 확실히 하길 원한다면요. 그렇게(20년) 오래

전쯤엔 이 가게가 서 있는 곳에 식당이 있었어요—'빅 조'라는 별명을 가진

25 브래디의 식당이라는."

"5년 전까지는요," 그 경찰은 말했다. "그것은 그때 허물어

졌지요."

출입구의 남자는 성냥을 그어서 잎담배에 불붙였다.

빛은 보여줬다/ 창백하고, 사각진-턱과 날카로운 눈이 있는 얼굴을,

문법&용법
Trying doors as
he went, twirling
his club with
many intricate
and artful
movements,
turning now and
then to cast
his watchful
eye adown
the pacific
thoroughfare,
the officer, with
his stalwart
form and slight
swagger, made
a fine picture
분사 구문으로
Trying(시도하면
서), twirling(돌리
면서, turning(몸
을 돌리면서)이 된
다.
그리고 주절의 주
어는 the officer,
동사는 made,
목적어는 a fine
picture로 콤마 2
개의 사이가 삽입되
었다. 괄호로 표시
해보면,
The officer,
(with his
stalwart form
and slight
swagger), made
a fine picture

and a little white scar near his right **eyebrow**. His **scarf-pin** was a large diamond, **oddly** set.

"Twenty years ago to-night," said the man, "I **dine**d here at 'Big Joe' Brady's with Jimmy Wells, my best **chum**, and the **finest** chap in the world. He and I were raised here in New York, just like two brothers, together. I was eighteen and Jimmy was twenty. The next morning I was to start for the West to make my fortune. You couldn't have dragged Jimmy out of New York; he thought it was the only place on earth. Well, we agreed that night that we would meet here again exactly twenty years from that date and time, no matter what our conditions might be or from what distance we might have to come. We figured that in twenty years each of us ought to have our **destiny** worked out and our fortunes made, whatever they were going to be."

"It sounds pretty interesting," said the policeman. "Rather a long time between meets, though, **it seems to me**. Haven't you heard from your friend since you left?"

"Well, yes, for a time we **correspond**ed," said the other. "But after a year or two we **lost track** of each other. You see, the West is a pretty big **proposition**, and I kept **hustling around** over it pretty **lively**. But I know Jimmy will meet me here if he's alive, for he always was the truest, **stanchest** old chap in the world. He'll never forget. I came a thousand miles to stand in this door to-night, and it's worth it if my old partner **turns up**."

The waiting man pulled out a handsome watch, the lids of it set with small diamonds.

"Three minutes to ten," he announced. "It was exactly

그리고 작은 흰색 흉터가 오른편 눈썹 근처에 있었다. 그의 **넥타이핀**에

큰 다이아몬드가, **특이하게** 박혀 있었다.

"20년 전 오늘-밤이었어요," 그 남자는 말했다, "저는 **식사했어요**/ 여기

'빅 조' 브래디네 에서/ 제 최고의 **친구** 지미 웰즈와, 그리고 (그는)

5   세상에서 **가장 좋은** 녀석이기도 했지요. 그와 저는 여기

뉴욕에서 자랐어요, 마치 두 형제처럼, 함께요. 저는 18살이었고/

지미는 20살이었지요. 다음 날 아침/ 저는

서부로 출발했어요/ 재산을 만들기 위해. 당신은

지미를 뉴욕 밖으로 끌어낼 수 없었을 거예요; 그는 지구에 장소는 여기

10 (뉴욕) 밖에 없다고 생각하니까요. 어쨌든, 우리는 그날 밤에 동의했지요/

우리가 여기서 정확히 20년 뒤에 다시 만나기로/ 저 날의 그 시간부터,

우리의 신분이 어떻든지/ 또는 우리가 얼마나 멀리서

와야 하든지 간에. 우리는 판단했어요/ 20년 후

우리 각각은 우리의 **운명**이 움직이게 해야 할 것이고/ 우리의

15 재산은 만들어질 것이라고요, 그 재산이 무엇이 되든지 간에요."

"그것은 꽤 재미있네요," 경찰관이 말했다. "다소

만남 사이 시간이 길긴 하지만요, **제 생각에는요.**

당신의 친구에 대해서 (소식을) 들어봤나요/ 당신이 떠난 뒤에?"

"글쎄요, 잠시동안 우리는 **편지를 주고받았지요**," 그 사람이 말했다.

20 "하지만 1~2년 뒤에 서로의 **행방을 놓쳤어요.** 당신이

알듯, 서부는 꽤 큰 **사업**이잖아요, 그리고 저는 (바빠서) **설치고** 다녔거든요/

그곳에서 꽤 **적극적으로요.** 하지만 제가 아는 지미는 여기서 저를 만날 거에

요/ 그가 살아있다면요, 왜냐하면 그는 항상 세상에서 가장 고지식하고, **충**

실하게 나이든 녀석이거든요. 그는 절대 (약속을) 잊지 않아요. 저는 천 마일

25 (1609km)을 와서 오늘 이 문에서 있는 거예요, 그리고 그럴만한 가치가 있지

요/ 제 옛 동료가 **나타난다면요.**"

그 기다리는 남자는 잘생긴 시계를 꺼냈다, 그것의 뚜껑에

작은 다이아몬드들이 박혀 있었다.

"10시까지 3분 남았네요," 그는 말했다. "정확히

ten o'clock when we parted here at the restaurant door."

"Did pretty **well out** West, didn't you?" asked the policeman.

"You bet! I hope Jimmy has done half as well. He was a kind of **plodder**, though, good fellow as he was. I've had to compete with some of the sharpest **wit**s going to get my **pile**. A man **gets in a groove** in New York. It takes the West to put a razor-edge on him."

The policeman **twirled** his club and took a step or two.

"I'll be on my way. Hope your friend comes around all right. Going to call time on him sharp?"

"I should say not!" said the other. "I'll give him half an hour at least. If Jimmy is alive on earth he'll be here by that time. So long, officer."

"Good-night, sir," said the policeman, passing on along his **beat**, trying doors as he went.

There was now a fine, cold **drizzle** falling, and the wind had risen from its uncertain **puff**s into a steady blow. The few **foot passengers** astir in that quarter hurried **dismally** and silently along with coat collars turned high and pocketed hands. And in the door of the **hardware store** the man who had come a thousand miles to fill an appointment, uncertain almost to **absurdity**, with the friend of his youth, smoked his cigar and waited.

About twenty minutes he waited, and then a tall man in a long **overcoat**, with collar turned up to his ears, hurried across from the opposite side of the street. He went directly to the waiting man.

"Is that you, Bob?" he asked, **doubtfully**.

"Is that you, Jimmy Wells?" cried the man in the door.

정각 10시에 우리는 이 식당 문에서 헤어졌었지요."

"서부에서 **돈 좀 벌었나** 봐요, 당신은 그랬지요?" 경찰은 물었다.

"물론이지요! 저는 지미도 절반은 했으리라 믿어요. 그는

느릿하게 꾸준히 하는 스타일이긴 하지만요, 좋은 친구였지요. 저는

경쟁해야 했어요/ 가장 예리하게 **재치있는** 사람들과/ 제

재산을 가지려는. 어떤 남자는 뉴욕에서는 **삶이 편해져**요. 그것은 서부에

면도날처럼 (예리한) 사람들을 데려가지요."

경찰은 곤봉을 **돌리고** 한두 발자국 내디뎠다.

"저는 제 길로 가겠습니다. 당신의 친구가 무사히 오기를 바랍니다.

그에게 정각 시간이 다 됐다고 할 것인가요?"

"저는 그렇게 말하지 않을 거예요!" 그 사람이 말했다. "저는 그에게 최소한

30분을 줄 것입니다. 지미가 지상에 살아있다면/ 그는 그때까지 올거에

요. 잘 가세요, 경관님."

"좋은-밤 되십시오, 님께서도," 경찰이 말했다,

그의 **관할구역**을 따라 지나가면서, 그가 나갈 때 문이 열리면서.

그곳에는 가늘고, 추운 **이슬비**가 내렸고, 바람이

더 불었다/ 그것의 불안정한 **공기**에서 일정한 바람이 되었다.

몇(2~3) 명의 **보행자들**이 저 구역에서 서둘렀다/ **쓸쓸하고**

조용하게/ 코트의 깃을 높게 세우고 주머니에

손을 넣으며. 그리고 **철물점**의 문에/ 그 남자는

(천 마일을 온/ 약속을 지키기 위해,

어리석음에 거의 불확실해 하며, 그의 어린 시절의 친구와 함께),

잎담배를 피우며 기다렸다.

약 20분쯤 기다렸을 때, 그리고 나서 키 큰 남자가

긴 외투를 입고, 깃을 귀까지 올리고, 서둘러

건너왔다/ 길의 반대편에서. 그는 곧바로

그 기다리는 남자에게 갔다.

"너니, 밥?" 그는 **의심하며** 물었다.

"너구나, 지미 웰스?" 그 문의 남자는 소리쳤다.

"Bless my heart!" **exclaimed** the new arrival, grasping both the other's hands with his own. "It's Bob, **sure as fate**. I was certain I'd find you here if you were still in **existence**. Well, well, well!—twenty years is a long time. The old restaurant is gone, Bob; I wish it had **lasted**, so we could have had another dinner there. How has the West **treated** you, old man?"

"**Bully**; it has given me everything I asked it for. You've changed lots, Jimmy. I never thought you were so tall by two or three inches."

"Oh, I grew a bit after I was twenty."

"Doing well in New York, Jimmy?"

"**Moderately**. I have a position in one of the city departments. Come on, Bob; we'll go around to a place I know of, and have a good long talk about old times."

The two men started up the street, arm in arm. The man from the West, his **egotism** enlarged by success, was beginning to outline the history of his career. The other, **submerged** in his overcoat, listened with interest.

At the corner stood a drug store, brilliant with electric lights. When they came into this **glare** each of them turned **simultaneously** to gaze upon the other's face.

The man from the West stopped suddenly and **released** his arm.

"You're not Jimmy Wells," he **snap**ped. "Twenty years is a long time, but not long enough to change a man's nose from a Roman to a **pug**."

"It sometimes changes a good man into a bad one," said the tall man. "You've been under arrest for ten minutes, 'Silky' Bob. Chicago thinks you may have **dropped over** our

"이럴 수가!" 그 새로 도착한 사람은 **소리쳤다**, 쥐면서/
두 개의 다른 손을 그의 손으로. "밥 맞아, **틀림없이**.
나는 확신했어/ 너를 여기서 찾을 것이라고/ 네가 여전히 **존재**한다면.
역시, 역시, 역시!—20년은 긴 시간이야. 예전 식당은

5   사라졌어, 밥; 나는 그것이 **지속되길** 소망해, 그래서 우리가 거기서 또 다른
저녁 식사를 가질 수 있도록. 어떻게 서부가 너를 **대했니, 늙은것아?**"
"**근사했지**; 그것은 내가 요구한 모든 것을 주었어. 너는
많이 바뀌었네, 지미야. 나는 절대 생각하지 않았어/ 네가 그렇게 클 것이
라고/ 2~3인치까지 (더)."

10 "아, 난 좀 더 컸어/ 20살이 지나서."
"뉴욕에서 잘 지냈어, 지미?"
"**그럭저럭은**. 나는 도시 부서 중 한 곳에 직업(공무원)을 가졌어.
이리와, 밥; 내가 아는 장소에 들러보자,
그리고 지난 시간에 대해 할 말이 많아."

15 두 사람은 그 거리로 걷기 시작했다, 팔짱을 끼고.
서부에서 온 남자는, 성공으로 **자기중심적**인 게 더 커져서, 시작하고
있었다/그의 생애의 개요를 서술하기를. 다른 남자는, 그의 긴 외투에 **덮여서**,
흥미롭게 들었다.
약국의 모퉁이를 돌 때, 전등 때문에 눈이 부셨다.

20 그들이 이 **섬광**에 왔을 때/ 그들 각각은
동시에 서로의 얼굴을 바라봤다.
서부에서 온 남자는 갑자기 멈춰서 그의 팔을 **풀었다**.

"너는 지미 웰즈가 아니잖아," 그는 **비난했다**. "20년은

25 긴 시간이지만, 사람의 코를 바꿀 만큼 충분히 긴 시간은 아니야/
로마사람의 코에서 **퍼그**(개)의 코로."
"20년은 때때로 좋은 사람을 나쁜 사람으로 변화시키곤 하지," 그
키 큰 사람은 말했다. "너는 10분 전에 체포되었다,
'실키' 밥. 시카고(경찰)는 네가 우리 지역에 **다녀갈 것** 같다고 생각하지/

way and wires us she wants to have a chat with you. Going quietly, are you? That's **sensible**. Now, before we go on to the station here's a note I was asked to **hand** you. You may read it here at the window. It's from **Patrolman** Wells."

The man from the West **unfold**ed the little piece of paper handed him. His hand was **steady** when he began to read, but it **trembled** a little by the time he had finished. The note was rather short.

"Bob; I was at the appointed place **on time**. When you struck the match to light your cigar I saw it was the face of the man **wanted** in Chicago. Somehow I couldn't do it myself, so I went around and got a **plain** clothes man to do the job.

JIMMY."

그리고 우리에게 전보를 보냈어/ 그녀가 너와 대화하기를 원한다고.

조용히 가, 그럴 거지? **분별력이 있다면** 말이야. 지금, 우리가 이 역으로 가

기 전에/ 여기에 너에게 **건네기**를 요청한 쪽지가 있어. 너는 여기서 창가

에서 그것을 읽을 수 있어. 그것은 **순찰 경찰** (지미) 웰즈로부터 온 거야."

서쪽에서 온 남자는 그 작은 종잇조각을 **폈다**/

그에게 건네진. 그의 손은 **안정됐다**/ 그가 읽기 시작할 때,

하지만 그것은 약간 **떨렸다**/ 그가 (읽기를) 끝냈을 때. 그 쪽지는

다소 짧았다.

"밥에게: 나는 그 약속한 장소에 **시간 맞춰** 있었어. 네가

잎담배에 불을 붙일 때/ 나는 봤지/ 그것이 그 사람의 얼굴이라는 것을/

시카고에서 **현상 수배했던**. 어쨌든 나는 그것(체포)을 할 수 없었어,

그래서 (돌아)가서/ **보통의** 옷을 입은 사람(경찰)을 불렀지/

그 일을 하기 위해.

지미가."

20년 후

미국작가 오 헨리 (1862~1910, 미국) 지음
1906년 출간된 The Four Million에 21번째로 수록

**뒤에서
껴안는
아이**

딸은 6살인데 인기가 많다. 어느 어린이집이든 한두 명의 남자들이 딸을 따라다닌다. 지금 어린이집에서는 7살 오빠가 딸을 무척 좋아한다. 만날 때마다 뒤에서 꽉 껴안고 놔주지 않는다. 힘이 약한 딸은 저항할 수 없었다. 4개월 동안 매일 같이 그랬다고 한다.

어린이집 선생님들은 그 남자아이에게 좋지 않은 행동이라고 말만 할 뿐이었다. 우연히 내가 직접 봤는데 생각보다 심각했다. 안되겠다 싶어서 강하게 항의했더니, 사과 후 조치를 취하기 시작했다.

거의 30년 전, 초등학교 3학년 때, 나도 비슷한 장난을 했었다. 여자아이들한테 관심은 있는데, 어떻게 해야 할지를 모르니 넘어지는척 껴안거나, 때리고 도망갔다. 몇몇 아이의 불쾌한 표정은 아직도 기억난다.

20대에 정서적으로 불안한 여자친구와 종종 사귀었는데(자세한 내용은 <TOP10 돈꿈사> 참고), '왜 내가 연애 운이 없었을까?'에 대해 생각해보면, 어릴적 괴롭혔던 여자애들 때문에 내가 괴롭힘을 돌려받았거나, 아니면 평소 너무 말을 직설적으로 해서 그 상처만큼 돌려받은 것은 아닐까 싶다.

20대 중반까지도 도덕적으로 잘못된 행동을 종종 했다. 그때도 과거의 일이 조금 미안했지만 그리 잘못됐다고 생각하지는 못했다. 하지만 지금은 잘못됐다고 생각한다. 지금 역시 죄를 짓기는 해도 도덕적 가치관이 어느정도는 확립됐다고 생각한다.

시간을 되돌릴 수는 없겠지만, 용서 받을 수 있는 기한이 얼마나 될지 모르겠지만, 지금이라도 그때 그 아이들을 만날 수 있다면 사과하고 싶다. "정말 미안해, 내가 뭘 몰라서 그랬어."

| Mike의
감상 | 가장 좋아하는 단편소설 작가는 프랑스의 '모파상'으로, 특히 데뷔작인 '비곗덩어리'를 좋아한다. 이 책이 '영어' 단편 소설이 주제가 아니었다면 모파상이 꼭 들어갔을 것이다. 모파상의 영향을 많이 받은 미국의 오. 헨리도 전문 단편소설 작가로 10년의 활동 기간 동안 300편가량을 썼는데, 다른 단편소설에 비해 짧고 인상 깊은 글이 많다. |

소설에서처럼 겉모습은 20년 동안 크게 바뀌기 어렵지만, 속 모습은 크게 바뀔 수 있다. 그래서 It sometimes changes a good man into a bad one(20년이라는 세월은 때때로 좋은 사람을 나쁜 사람으로 바꾸기도 하지)이 인상적이었다. 어찌 보면 뻔할 수도 있지만, 대부분의 사람은 잊고 있는 진리라고나 할까. 어제의 내 내면과 오늘의 내면, 그리고 내일의 내면은 다른 사람일까?

예전에 공무원 시험을 준비하는 학생들을 가르쳤는데, 이 소설은 경찰 공무원 시험에 내면 딱 좋을 것 같다.

잘 알려진 마지막 잎새(2.8), 크리스마스 선물(3.6)보다 20년 후를 더 인상 깊게(3.65) 읽었다. 잘 알려지지는 않았지만 물레방아가 있는 교회(3.5, The Church with an Overshot Wheel)도 추천한다.

스티브 잡스 연설문을 발췌한
TOP10 연설문

흔한 영어책과 달리 나중에 딸내미에게도 보여줘야겠다 싶은 생각이 들만큼 맘에 드는 책이다. 영어공부도 이렇게 할 수 있어서 행운이라면 행운.
- doob**

연설문의 정수라고 봐도 무방할 정도로 좋은 연설문이 딱 10개 수록되어 있다...공부하면서 필요한 자료들은 저자가 직접 만든 인터넷 카페에 다 올라와 있다. 좋은 자료들을 찾아서 여기저기 헤매지 않아도 저자가 만들어준 밥상을 꼼꼼하게 공부하기만 하면 그만이다...궁금한 점을 인터넷으로 곧장 물어보고 답할 수 있다...이 책을 다 공부하고 나면 내 영어 실력이 한 단계 올라가는 것을 느낄 수 있을 것이다. 중고급 영어 공부를 제대로 하고 싶은 사람에게 이 책을 적극 추천한다. - kiwi**

오 헨리의 20년 후를 발췌한
TOP10 영한대역 단편소설

글을 쓰면서도 웃긴 게. 살다 살다 영어 학습서를 평론할 일이 있을 줄 몰랐습니다. 그만큼 신선했고 재미있고 고마웠습니다. - slrad**

저자도 어린 시절 원서를 읽고자 시도했을 때 나와 같은 경험을 했던 걸까? 원서읽기를 시도했던 이들이 왜 중단하는 지를 정확히 알고 그에 적절한, 사소하지만 큰 차이를 만들어내는 아이디어가 더해져서 작은 책임에도 모든 필요를 담아내려 한 저자의 욕심이 느껴졌고 그리고 너무나 만족스러운 결과물을 낸 것 같다. - skyzzi**.

스티브 잡스 연설문 영어 쉐도잉 + 오 헨리의 20년 후 단편소설
1판 1쇄 2023년 1월 14일 | **1판 2쇄** 2023년 12월 14일
지은이 Mike Hwang | **발행처** Miklish **전화** 010-4718-1329
홈페이지 miklish.com | **e-mail** iminia@naver.com
ISBN 979-11-87158-41-7